AF310424

DISCOURS

PRONONCÉ AU SERVICE FUNÈBRE

DE M. LE VICOMTE

HERMAN DE JOUFFROY

PAR

M. L'ABBÉ HENRI PERREYVE

Le 25 février 1859.

PARIS

CHARLES DOUNIOL, LIBRAIRE-ÉDITEUR,

Rue de Tournon, 29.

(10).

Est-ce donc moi qui devais me lever au milieu de vous, et donner des accents aux regrets qui remplissent vos cœurs devant la tombe à peine fermée de M. le vicomte Herman de Jouffroy? Vous l'avez ainsi voulu; vous m'avez demandé la suprême consolation d'un hommage public rendu à la mémoire de votre ami : cette consolation, vous m'avez fait comprendre que je vous la dois. Je ten-

terai donc, excusable seulement par l'affection fraternelle qui m'unissait à ce jeune homme, de vous
montrer vivante encore une figure qui vous était
si chère.

Hélas! Messieurs, j'éprouve dès le commencement un désolant embarras; car si un charme
inexprimable s'attache aux belles choses inache-
vées, que dire des choses auxquelles la mort
a envié même la gloire des commencements,
et qui n'ont laissé d'elles-mêmes que de grandes
espérances trahies? Plusieurs, après m'avoir en-
tendu, repassant dans leur mémoire le souvenir de
mes paroles, se diront peut-être : « Celui qu'on a
loué n'a rien fait, » et ils auront raison, si c'est
n'avoir rien fait que d'avoir préparé l'avenir par les
grandes victoires de la jeunesse, si c'est n'avoir
rien fait que d'avoir formé son cœur au culte de
Dieu et de la justice, si c'est n'avoir rien fait que

de léguer aux jeunes hommes de notre temps, réalisée dans de constants exemples, l'alliance de choses que le monde déclare incompatibles : de la jeunesse avec la chasteté, de la fortune avec le dédain des joies frivoles, de l'honneur du nom et du rang avec l'humilité chrétienne, de la foi catholique avec les convictions les plus libérales.

C'est cette vie, Messieurs, vie toute d'idées, toute de désirs, toute de préparation et d'espérances, dont je voudrais vous donner comme un dessin rapide, semblable tout au plus à ces esquisses tremblantes qu'une main désolée trace auprès d'un lit funèbre.

Vers l'automne de 1853, Herman de Jouffroy vint à Paris. Il y apportait des trésors d'intelligence qu'une éducation distinguée, conduite par d'habiles maîtres, avait faits déjà très-riches. Il y apportait plus que cela : je veux dire un caractère prématurément formé par la lutte, et cette expérience des grandes difficultés de la vie qui trempe si fortement les jeunes âmes qu'elle n'écrase pas. Après la crise religieuse de ses dix-huit ans, crise périlleuse et inévitable, où la foi chrétienne doit passer de l'obéissance de l'enfant dans la liberté du jeune homme, Herman de Jouffroy s'était retrouvé plus que jamais fidèle aux convictions de ses premières années, et il arrivait dans notre grande cité fort des serments nouveaux qui l'unissaient à l'éternel ami des âmes, Notre-Seigneur Jésus-Christ.

Deux choses l'y attendaient, les deux choses, je pense, qui frappent le plus un jeune homme à son entrée dans la brillante capitale, et se disputent d'abord son cœur : la vue des grands plaisirs et celle des grandes misères. Il n'y a rien à Paris de plus extraordinaire et de plus frappant que ce contraste ; une promenade d'une heure suffit à l'étranger curieux pour passer de l'étincelante et splendide ville des riches dans cette ville des pauvres, si étrange et si sauvage, où la misère revêt des formes inconnues ailleurs et presque invraisemblables. Le nouveau-venu rentre chez soi le cœur troublé; il ne connaissait encore ni cet excès de plaisir ni cet excès de souffrance, il s'arrête et s'étonne : c'est l'heure d'un grand choix.

Herman de Jouffroy était trop sérieusement chrétien pour hésiter. Maître d'une fortune considérable, entre les voluptés de Paris et ses souffrances il ne balança point : il passa du côté des pauvres, et se fit agréger à l'une des conférences de Saint-Vincent de Paul. Quant à vous dire le bien qu'il a pu faire depuis ce jour, comme membre de ces sociétés charitables qui vont porter au pauvre avec le secours du pain et du feu le soutien d'une amitié sainte et l'honneur de relations choisies, c'est chose, Messieurs, que je ne saurais entreprendre. Ici, j'ai tout deviné, mais je n'ai rien su, et cet ami confiant, qui versait tant de pensées intimes dans mon cœur, n'y a jamais déposé les secrets de sa bienfaisance. Tout ce que je vous demande, Messieurs, c'est d'admirer l'audace de cette charité chrétienne, qui, arrêtant un jeune homme de vingt-deux ans au seuil des plaisirs et des frivolités du monde, le prend par la main, le détourne, le conduit tout brillant de jeunesse, de grâce, d'éclat, dans quelque mansarde où sommeille un ouvrier malade, où gémit une vieille mère infirme, et donne à ces pauvres des sourires, des poignées de mains, des paroles, des soins, une tendresse qu'envieraient les élégants et les fortunés du monde !

Saint Vincent de Paul ne confie pas que des pauvres à ses jeunes disciples ; il leur donne encore des amis. Herman de Jouffroy rencontra, dans les chemins de la charité, des âmes choisies, dignes de lui par l'intelligence et le dévouement, auxquelles l'attachèrent bientôt les liens de cette douce amitié dont l'Écriture sainte a dit qu'elle est plus forte que la mort : « *Fortis ut mors dilectio.* » Une parfaite conformité de goûts élevés, de généreux désirs, d'habitudes intellectuelles, ajouta bientôt de nouveaux charmes à ce qui n'avait été d'abord que l'instinct des cœurs, et notre ami fut invité à prendre place dans une société littéraire qui s'abritait alors sous le nom immortel de M. de Chateaubriand.

Le patronage d'un si grand nom ne devait pas défendre cette société des périls du désordre. A la suite d'une discussion religieuse dans laquelle Herman de Jouffroy crut devoir plaider courageusement les intérêts catholiques, la conférence Chateaubriand se divisa, et le soir du même jour, le 22 mars 1855, les amis de M. de Jouffroy réunis

chez lui donnèrent naissance à la conférence La-
bruyère à laquelle, pour la plupart, Messieurs, vous
vous honorez d'appartenir, et dont il fut à la fois
le fondateur et le premier président.

Ici je n'ai rien à vous apprendre. Vous avez
connu comme moi, mieux que moi peut-être,
ce qu'était ce jeune homme sous le rapport des
dons de l'intelligence; et pour ne rien dire de
trop, je vous rappellerai seulement de quelles
flammes s'animait sa parole quand, sortie des premières timidités, elle éclatait au service d'un généreux élan du cœur. Il était alors vraiment élo-
quent; il avait dans le geste et dans la voix ces
vibrations sympathiques dont la puissance est si
sûre, et qui ne demandent pour être irrésistibles
que d'être réglées et contenues. Cette force lui
manquait encore : il ne savait point résister à l'eni-
vrement de sa propre inspiration, et trahi bientôt

par la portée même de son élan, il s'arrêtait. C'était le sujet de ses grandes plaintes et des découragements qu'il confiait à ses amis. Le temps seul eût apporté le remède à cette riche faiblesse, et calmé le torrent en dirigeant et en réglant son cours.

Mais ce que vous avez admiré sans réserve en M. de Jouffroy, c'est ce culte désintéressé des lettres qui devint pour lui la source des jouissances les plus élevées, en même temps qu'il fut un charme pour ses amis. Son goût était pur, sa critique d'une justesse et d'une fermeté singulières, dégagée d'ailleurs de tout caractère d'intolérance. Il aimait les œuvres nouvelles, mais il y cherchait toujours la sévère beauté des antiques et ne laissait pas défaillir en lui cet attachement aux règles traditionnelles qui est le salut des faibles et la sauvegarde du génie.

Doué de brillantes facultés littéraires, votre ami n'était pas moins remarquable dans l'ordre des sciences naturelles, et son nom avait été plusieurs fois mis en lumière dans certaines régions du monde savant par des découvertes en botanique auxquelles on doit, selon les compétents, accorder une certaine importance. Les collections qu'il avait formées, et à l'entretien desquelles il employait une partie de sa fortune, ont été jugées trop considérables pour être données à des particuliers, et, selon la noble intention de sa famille, elles enrichiront un de nos musées publics.

Cette inclination marquée pour l'étude des sciences naturelles avait donné naissance dans le cœur de notre ami au seul rêve d'avenir que je lui aie connu. Avant le temps où une cruelle maladie vint déranger ses projets et le distraire de ses études en lui commandant de fréquents voyages, il nourrissait l'espoir d'atteindre bientôt le grade de docteur ès sciences, d'obtenir alors une chaire dans quelque faculté de province, puis de revenir à Paris et d'y faire honorer son nom par un savant enseignement. Son regard modeste, mais ardent et jeune, s'était-il élevé jusqu'aux portes de l'Institut? Je ne le sais; mais si cela était, Messieurs, je ne l'en blâmerais pas. Notre ami comprenait qu'en des temps comme les nôtres les titres de noblesse trouvent leur meilleure garantie dans le mérite personnel, et qu'il n'y a pas de gloire plus solide que celle d'un service public rendu fidèlement à son pays.

Vous avez tous connu, Messieurs, le goût sensible d'Herman de Jouffroy pour les beaux-arts. Le culte qu'il leur portait, anobli et purifié par sa foi religieuse, l'avait de bonne heure attaché au culte et à l'amour de l'Italie, et il était de ceux qui ne sentiront jamais sans frémissement palpiter d'espérance le sein de cette mère commune des nations.

C'est à l'Italie qu'il consacra ses derniers travaux ; c'est le nom de l'Italie qui tomba le dernier de sa plume, c'est aux intérêts de cette seconde patrie qu'il donna les derniers feux de sa pensée ; il s'est couché, il s'est endormi dans cet enthousiasme. Hélas ! dans cette matinée terrible qui nous l'enleva, je voyais encore éparses sur son bureau les dernières feuilles d'un écrit qui vous était destiné ; notre ami m'en avait parlé souvent : il voulait montrer, à propos des œuvres d'Alfieri, que si l'Italie dut son plus brillant éclat à sa royauté dans les arts et les lettres, cette royauté ne peut être solide et cet honneur sans tache que vivifiés par l'indépendance nationale et inspirés par la liberté.

Messieurs, je viens de prononcer un mot qui serait un juste reproche contre moi si je le laissais dans l'ombre, et si j'allais dissimuler un des traits les plus saillants et les plus fermes du caractère dont nous cherchons à fixer le modèle. Plutôt que de l'effacer, Messieurs, j'estime qu'il fallait se taire sur Herman de Jouffroy et ne pas affliger sa mémoire par ce qu'il eût appelé une trahison. — Il aimait donc la liberté ; il avait été conquis dès le commencement par la grande espérance de ce siècle, par l'espérance de voir unies dans une solennelle alliance la foi catholique et les doctrines libérales. Entendons-nous cependant : le jeune chrétien avait une raison trop ferme et trop honnête pour caresser des utopies tôt ou tard sanglantes, et en fait de maximes politiques il se plaisait à redire souvent une belle parole prononcée à la gloire de l'infortuné Manin : « Il défendit avec passion de sages doctrines. » Il me semble, Messieurs, que notre ami fut digne aussi de cet éloge, et que dans la mémoire de ceux qui l'ont intimement connu, le souvenir de sa douce et chrétienne sagesse s'unira toujours au souvenir de sa passion pour les doctrines généreuses.

Il aimait la liberté dans l'ordre des questions sociales. Il croyait au progrès des institutions publiques, il appelait de toute la force de sa belle âme un épanchement de plus en plus fécond de l'Évangile dans les lois et les règlements des sociétés humaines: il aimait le progrès, il l'appelait, il en parlait constamment. Dans le désir de pénétrer plus profondément les besoins et les ressources des classes ouvrières, il s'était adonné depuis peu de temps à l'étude de l'économie politique : il prenait part aux travaux d'une conférence tenue chaque semaine dans la chambre d'un des Pères de l'Oratoire, et dont le but n'était autre que de parler des ouvriers, des pauvres, des déshérités du monde, et de chercher un remède à leurs maux. Comment vous retracer les saillies éloquentes de sa parole dans ces réunions? Comme son cœur battait! comme il battait fort, et à l'unisson du cœur de Jésus Roi éternel des pauvres! comme il savait défendre franchement, sincèrement, des convictions qui choquent l'orgueil du monde et scandalisent son égoïsme! Ah! pardonnez-moi, Messieurs, mon cœur s'émeut au souvenir de ces entretiens. J'admire dans ce jeune homme, doué du prestige d'un titre, cette recherche infatigable de l'égalité chrétienne; je sens plus que jamais tout ce que nous avons perdu, les pauvres et nous! Herman de Jouffroy eût continué les souvenirs de cette part de l'aristocratie française, intelligente et libérale, qui unit aux traditions d'un honneur séculaire ce je ne sais quoi de vivant et de jeune que donne l'intelligence du progrès.

Laissez-moi dire enfin, Messieurs, qu'il aima la liberté jusque dans la religion. Il l'y défendit souvent avec une égale ardeur et contre des violences contraires à l'esprit de l'Église et contre les prétentions de l'indifférence, et ne souffrit jamais devant lui, sans protester, ni le langage impie de l'anarchie religieuse qui rejette toute contrainte, même divine, ni l'insolence de cet incorrigible fanatisme qui n'eut jamais rien de commun avec la foi catholique.

Il avait puisé ce respect religieux de la conscience dans la lecture assidue du saint Évangile dont il méditait chaque matin quelques versets, et dans les pratiques régulières d'une haute et tendre piété. Il m'appartient peut-être plus qu'à d'autres de marquer ce dernier trait, le plus beau sans doute et le plus saint de sa trop courte carrière. Hélas!

qu'ils sont encore près de moi les jours heureux
que, durant tout l'hiver dernier, je passai à Hyères
auprès de cet excellent ami ! Tout nous était commun : le foyer, la table, les livres, Dieu surtout !
Nous faisions ensemble la prière du soir, et le matin
nous nous retrouvions devant le même autel. Il s'ap-
prochait souvent des sacrements de notre sainte
religion. Sa dévotion était profonde, absolue, prête
aux sacrifices, et retrouvant dans son cœur toute
la force de son étymologie, elle était bien *un dévouement.* Il était sévère pour lui-même, trop sévère
peut-être, car cherchant toujours la perfection, il
ne s'abandonnait que rarement, ce semble, aux
douceurs de la confiance et de la paix. C'est le mal
de certaines âmes trop délicates, et que l'idéal de
la vertu longtemps contemplé ne laisse plus en repos. Il avait le don sacré des larmes et dut souvent
interrompre la lecture pieuse qu'il faisait le soir à

haute voix. Il était fidèle dans les petites choses de la religion, ou plutôt il savait que rien n'est petit dans ce qui regarde Dieu, et qu'il n'y a balbutiement ou enfantillage dont l'amour ne puisse faire une grande chose. Il était simple dans sa piété, sans effort comme sans honte, et j'ai sorti de son cou, à peine roidi par la mort, une relique de la sainte croix de Notre-Seigneur qu'il portait sur sa poitrine.

Cette piété filiale et tendre, dans une vie constamment droite, fut la seule préparation de cette âme pour passer au trône de Celui qui a dit : « Soyez toujours prêts : *Semper estote parati.* » Je n'apprendrai rien aux amis intimes d'Herman de Jouffroy, en disant que depuis longtemps déjà ce jeune homme avait des pressentiments de fin prochaine et comme la vague impression d'une destinée mortelle très-brève. Il montrait une défiance extrême pour tout ce qui n'était pas à courte échéance : il n'acceptait jamais sans réclamer qu'on lui parlât de l'avenir. Aux propositions, aux encouragements de ses amis qui le pressaient d'entreprendre quelque travail de longue haleine, il répondait volontiers par ces étranges sourires qui déconcertent les plus fermes espérances, et pressé par les plus intimes il disait : « Je n'aurai pas le temps ! » Aussi, à travers les clartés de vie et de jeunesse que projetait sur son visage le bonheur de la conscience pure et des saintes amitiés, on voyait habituellement passer sur son front les ombres d'une invincible mélancolie. Séparé pour toujours des joies mauvaises par le sacrifice sanglant des premières victoires, il n'était pas insensible aux plaisirs élevés que la vie du monde propose et que la conscience permet : il l'eût été moins encore à la douce félicité qui est dans les désirs de tout jeune cœur auquel n'ont pas été destinées les joies plus grandes du sacerdoce; mais là encore il était arrêté par d'insurmontables défiances et se sentait trahi par l'avenir. Comment vous le dirai-je, Messieurs? comment trouverai-je des paroles assez transfigurées pour vous faire les confidents d'un sentiment de cette âme si pure? Un jour donc une apparition de cette terre l'avait touché; mais celle-là Jésus-Christ lui-même la voulut, et après que le sanctuaire de la vie religieuse l'eut cachée au monde et à elle-même, notre ami n'en parla plus... que de très-loin en très-loin, à l'oreille d'un ami qui était prêtre, et dans un langage qui n'avait plus rien des regrets terrestres, mais plein seulement d'une admiration fraternelle, peut-être d'envie !

Il y a quelques jours à peine, Herman de Jouf-

froy visitant des pauvres au faubourg Saint-Mar-
ceau, arriva devant la porte d'une misérable famille : il frappa, on lui ouvrit ; deux enfants étaient
couchés, tous deux malades. Il demanda quelle
maladie avaient les enfants : la mère ne sut lui
répondre. Il s'approcha de leur lit, les découvrit,
prit leurs mains, compta le mouvement de leur
fièvre, examina les rougeurs qui couvraient leurs
membres, et comme il avait commencé jadis ses
études de médecine, il sut reconnaître que ces enfants avaient la fièvre scarlatine. Il donna donc à
la mère des conseils de soins et de prudence, cou-
vrit lui-même plus chaudement le lit des petits
malades, accommoda bien leurs pauvres draps,
régla les menus détails que sa charité lui inspirait,
consola ces pauvres gens, les quitta et ne pensa
plus à sa bonne action. — Quatre jours après, le
matin du 12 février, il se sentit faible. Il se leva

cependant, car il recevait des amis à sa table, et fut aimable comme toujours ; mais vers la fin du repas le malaise l'emporta sur son courage, et il se mit au lit. Dès le lendemain, on reconnut les commencements de la fièvre scarlatine, et, soit pour ménager le repos du malade, soit pour éloigner ses amis de la contagion, il fut résolu qu'on ne laisserait entrer personne. Herman lui-même le voulut ainsi. J'avais installé auprès de lui, sur sa demande, une religieuse garde-malade, qui ajouta ses soins intelligents aux soins admirablement dévoués et tendres que lui prodigua sans repos une personne qui l'avait vu naître, qui l'avait élevé, qui ne le quittait point, à laquelle j'envie la douceur d'avoir consolé les derniers instants de notre ami, et qui l'aima jusqu'à la fin comme aimerait une mère.

Nous allions chaque jour demander des nouvelles, mais jamais on ne nous laissait franchir le seuil. Une fois cependant (une seule fois hélas!), je forçai toutes les résistances et j'arrivai jusqu'au lit de notre cher malade. Sa vue me rassura complétement ; il était calme, tranquille, causait facilement et gaiement, et si de légères rougeurs n'avaient parsemé son visage, aucun signe n'eût indiqué qu'il fût malade. Nous causâmes : il déclara d'abord qu'il ne voulait plus me revoir et renouvela la défense de laisser approcher ses amis. Je pris un livre de prières et lus plusieurs pages de Bossuet sur l'union des souffrances du chrétien avec les souffrances de Jésus-Christ. Il les écouta saintement, les mains croisées, interrompant de temps en temps la lecture par quelques mots du cœur. Je marquai le passage et je fermai le livre, disant que je continuerais le lendemain ; mais il protesta de nouveau qu'il ne me reverrait plus. Il me dit :

« Cher ami, comme il faut tout prévoir, si j'allais

plus mal, vous prieriez le Révérend Père Pététot, supérieur de l'Oratoire, de venir près de moi. » Je le lui promis. Il me parut alors disposé à sommeiller. Je me levai, je lui tendis en riant une main qu'il refusa, et plein de confiance, je le quittai, après toutefois l'avoir tendrement béni, sans qu'il s'en aperçût. La maladie suivit un cours calme et régulier. Le jeudi soir, cependant, il parut inquiet et parla de faire venir le vénéré prêtre qu'il m'avait nommé. On le calma, et sans penser à différer son désir, on lui assura qu'il n'y avait aucun changement dans son état ni rien qui dût l'alarmer. — La nuit fut agitée. Le lendemain, c'était le vendredi 18 février, vers six heures du matin, il s'inquiéta de nouveau et dit à la religieuse qui le gardait : « Ma sœur, il faut m'aider à aller au ciel. » La bonne sœur s'employa le plus sincèrement du monde à le rassurer ; mais tandis qu'elle veillait à divers soins, un trouble subit s'empare du malade : il appelle, on accourt ; il crie le nom de sa fidèle gardienne, et jetant ses bras autour de son cou, il lui dit avec force : « Allons, il faut mourir maintenant ; il faut mourir... adieu ! » On court chercher à la paroisse voisine un prêtre et les derniers sacrements ; on court chez des médecins, chez son frère, chez moi. Profitant des derniers signes de connaissance que le mourant donne encore, la bonne sœur détache son crucifix et le met entre ses mains. Il le saisit, et par trois ou quatre fois, il le presse contre ses lèvres... Le reste ne fut plus qu'un ouragan qui en peu d'instants demeura vainqueur.

Messieurs, vous m'aviez demandé les cruels détails d'une mort qui enlève un frère à plusieurs d'entre vous. Je me suis fait violence et je vous les ai donnés. Maintenant, ne regardez plus la terre, élevez vos cœurs, et ne conservez de ce triste récit que deux souvenirs : le premier, qu'Herman de Jouffroy est mort pour l'amour des pauvres; le second qu'il a déposé son dernier acte d'intelligence et de volonté sur l'image sacrée de Jésus-Christ.

Quand on meurt pour les pauvres, dans la grâce qui fait les saints, et les lèvres collées sur la croix du Sauveur, on passe, Messieurs, des demeures terrestres dans le cœur même de Dieu. Aussi, je vous l'avoue, dès le premier instant de calme qui suivit les surprises de la douleur, je ne pus voir notre ami que transfiguré dans cet amour éternel qu'on appelle le ciel. Comment le plaindre? Il voit, il sait maintenant! Cette intelligence ardente, cette volonté courageuse, ce cœur généreux et profond, sont couronnés et rassasiés. Il possède dans leur foyer les rayons divins dont il poursuivait laborieu- ment ici-bas les traces fugitives! — Messieurs, cette foi dans les suprêmes destinées des fils de Dieu, vous l'avez comme moi, et si je vous rappelle aujourd'hui ces vérités consolantes, je ne prétends pas vous en révéler le secret.

Cependant une amertume reste au fond de vos cœurs. Vous vous demandez, n'est-ce pas? si tout est fini pour les bienheureux sur la terre; vous trouvez cruelle, malgré tout, cette déception qui conduit un jeune homme jusqu'à l'heure des commencements et lui ravit tout à coup le fruit de ses attentes et de ses combats. — Mais êtes-vous certains, Messieurs, que tel soit le sens de la mort? Êtes-vous certains que ces frères des mondes heureux voient leurs travaux violemment interrompus, et qu'ils ne puissent plus rien pour les grandes causes qu'ils ont aimées? Ne serait-il pas vrai, au contraire, que, vivant et se mouvant en Dieu qui est le lieu éternel des âmes, ils peuvent revenir invisiblement sur la terre et y développer par leurs inspirations supérieures des vertus et des progrès admirables? Ne serait-il pas vrai enfin, que, selon une grande pensée, ici-bas même « les morts sont plus vivants que nous? » Une parole de l'apôtre saint Pierre semble à cet égard ne laisser aucun doute : « J'aurai soin, dit-il, d'être souvent « avec vous après ma mort, afin que vous gardiez « le souvenir de ces choses. — *Dabo autem operam* « *et frequenter habere vos post obitum meum ut horum* « *memoriam faciatis* (1). »

Doux et cher Herman de Jouffroy, noble et cher

____

(1). II Pet. 1. 15.

ami, oui, vous reviendrez souvent parmi nous !
vous y reviendrez pour réveiller et affermir dans
nos âmes le souvenir des choses que vous avez
aimées et servies ! vous y reviendrez pour relever
nos courages, pour soutenir nos défaillances, pour
sanctifier nos victoires, pour consoler nos revers ;
vous y serez encore ce que vous fûtes pour nous
durant les jours de votre passage mortel : l'ange
des bons conseils, le confident des tentations
dangereuses, l'exemple des sacrifices difficiles,
l'inspirateur des généreuses pensées, la parole
qui relève, le regard qui enflamme, un reproche sauveur, la bénédiction de la main d'un
ami !

Et vous, mon Dieu, qui avez accordé à ce jeune
chrétien de rencontrer dans les humbles détours
de sa bienfaisance l'honneur d'une mort héroï-
que, faites-nous des cœurs dignes de vous, dignes

de lui, capables de ne reculer jamais devant
les hasards du bien, et de tout donner, l'heure
venue, pour votre amour et pour l'amour des
hommes !

Imprimerie de **W. REMQUET** et Cie, rue Garancière, n. 5.

www.ingramcontent.com/pod-product-compliance
Ingram Content Group UK Ltd.
Pitfield, Milton Keynes, MK11 3LW, UK
UKHW020126080726
13614UKWH00005B/2075

P.-J. PROUDHON

LES FEMMELINS

LES GRANDES FIGURES ROMANTIQUES

J.-J. ROUSSEAU. — BÉRANGER. — LAMARTINE. — MADAME ROLAND. — MADAME DE STAEL. — MADAME NECKER DE SAUSSURE. — GEORGE SAND.

Avec une introduction

PAR

HENRI LAGRANGE

NOUVELLE
LIBRAIRIE NATIONALE
11, RUE DE MÉDICIS, 11
PARIS
1912

LES FEMMELINS